나는 여행 중이다

시인 윤성인

1945년 경남 마산에서 태어났다. 마산 용마고(구 마산상고)를 졸업하고 극동금속을 거쳐 제일철강선재 전무이사를 역임했다.

ysi121@naver.com

윤성인 시집

나는 여행 중이다

초판 1쇄 발행 2024년 2월 5일

지은이 윤성인
펴낸이 이은재

펴낸곳 도서출판 그루
출판등록 1983. 3. 26(제1-61호)
주소 42452 대구광역시 남구 큰골 3길 30
전화 053-253-7872
팩스 053-257-7884
전자우편 guroo@guroo.co.kr

ISBN 978-89-8069-495-2

그루 시선 108

나는 여행 중이다

윤성인 시집

그루

시인의 말

팔십이 되어 보니 가슴속 허전함이 남아 있었던 것이 문학에 대한 꿈인 것 같았습니다.

부족하고 부끄럽지만 한 걸음 한 걸음으로 시작하여 첫 시집을 발간합니다.

진지함을 풀어내지 못하고 애기 걸음만 걷고 있습니다.

2024년 1월
윤성인

차례

시인의 말 5

종남산을 오르며 11
저수지 위의 물안개 12
고사리 13
화악산 14
손자와 소풍 15
낙엽 16
비닐하우스 17
청둥오리 가족 18
겨울밤 19
단풍을 보며 20
위양지 겨울 21
주산지 22
소낙비 23
상남천 24
엄마의 손 25
고향에 돌아오다 26
새해 해맞이 28
눈 덮인 동백나무 29
삶이 여행이다 30

사람이 어떻게 살아야 31
나의 일생 32
파크골프장을 찾아갔다 34
쇳덩어리도 생명이 있더라 35
이른 봄소식 동백꽃 36
대나무밭 땅굴 37
승학산 등산 38
눈물이 다르다 39
아야 아야 아야 40
파도가 바위를 이긴다 42
팔십 고갯길에 이르러 43
유부도 44
민들레꽃 45
섬진강을 품다 46
이팝나무 47
가슴에 묻어둔 여자 48
6·25 전쟁 피란 50
당산나무 51
여름휴가 52

어린 시절 53
그이 54
보리밭 55
나쁜 바람 56
대봉감나무 57
만어사萬魚寺 58
비에 젖은 장미 59
무화과 60
갈대 61
아내 62
붕어 낚시 63
연리지 64
오동나무 65
담쟁이 66
뭉게구름 67
아버지 지게 68
메아리 없는 그리움 69
투명 지팡이 70
현동초등 15회 동기들 71
고마운 달빛 72

사흘 피는 연꽃 73
제비가 보고 싶었던 까닭 74
폭우와 왜가리 75
나의 할머니 76
쥐불놀이 78
짝사랑 79
마을 빨래터 80
거미 81
백일홍 82
진정한 친구 83
호박꽃 84
세월 86

해설

그리움을 소환하는 팔순의 행로 / 이승주(시인) 88

종남산을 오르며

새벽 산길을 오른다
생각 없이 걷다 보니
시선이 지구 껍질에 모인다
멋대로 생긴 저것들이
우리들 사는 세상이구나
하늘이 내려와 꼭 붙잡고 있어
흔들림 없이 서있는 저 나무들
푸른 옷을 다 벗고
찬바람과 씨름하는 가지들

저수지 위의 물안개

저수지에 물이 가득하다
봄이었으면 물 빠진 저수지였을 텐데

첫서리 내린 아침

저수지 위에 하얀 솜이불이 덮여 있다
엄마가 밤에 덮어 주셨나 보다

차츰
솜이불이 솜사탕이 된다

솜사탕 하나가 산모퉁이로 사라지고 있다

고사리

오월의 새벽이다
맑은 눈망울 뜬 풀잎들 사이로
철사 끝 돌돌 말아 쥐고 띄엄띄엄 서있다
머리 숙여 인사한다
수많은 것들이
힘겨워 어둑한 내 얼굴에 웃음을 머금게 한다
하이에나가 먹이를 찾듯이
눈길은 험한 풀숲을 헤치고 들어간다

아카시아나무 발치 사이에서
나 여기 있소 놀리기도 한다
기분이 너무 좋다
한 바구니다

할아버지 기일이 내일이나

화악산*

소나무재선충병에 뒷산이 옷을 벗었다
고인 물 돌고 흐르는 물소리에 가재들이 노는 골짜기
앞으로는 음악 소리 들을 수 없구나
비바람 막아주고 안심시켜준 푸른 소나무들

여름엔 뜨거워서 어쩌지
폭우에 토사와 싸울 힘이 없다
추울 땐 숨을 곳 없다

*밀양시 부북면.

손자와 소풍

큰 가방을 짊어지고 낙동강변 산책로를 걷는다
팔에 매달린 손자
가족들 얼굴이 아롱거린다

힘겨움은 내팽개치고 하고파 하는 것들 하고는
흐뭇한 표정을 짓는다
넓은 잔디밭 위로 뒤뚱거리며 뛰는 손자를 바라보며
나도 뛴다

흰나비가 춤을 추고
물고기가 줄을 지어 오른다
장미꽃이 줄지어 피어난 강변에 나비 보며 웃는다

낙엽

비와 바람이 거세도 젊음을 무기로
굳건하게 살아왔다

온 천지를 아름답게 물들이며
숱한 이들에게 갈 길을 물었다

나이가 들더니 하나둘씩 이별한다
힘없고 흠 많은 것들은
풀잎 사이로 바위틈으로 소리 없이 숨어버린다

제법 힘 있게 살아온 놈들도
바람에 맞서다가 부스러져
남루한 차림으로 떠난다

비닐하우스

흰옷으로 한 벌씩 입고 있다
한 방향으로 반듯하게 줄지어 서있다

더운지 옷을 살짝 올리고 바람을 맞는다
푸른 속살을 내보이며
나를 보고 인사한다

튼튼하게 자라다오
부모님의 허리가 펴지겠지

어느새 태양은
하루치의 제 몫을 다하고 잠자리에 든다

춥다
검은 이불을 덮는다

청둥오리 가족

오후 들어
갑작스런 찬바람이 스키장으로 만들었다
한가롭게 잔잔한 물결을 만들어 띄우던 가족들
스키장을 떠나
샘물 솟는 옆 동네에 모두 모였다

자맥질도 잊고
눈을 감고 개천의 보금자리 걱정하나

겨울밤

가을걷이 끝나면
들은 텅 빈 공원으로 돌아온다
적막하다

마을회관에 왁자지껄 다 모인다

문밖은 바람 소리
앞산에는 친구 찾아 고라니가 운다

단풍을 보며

살아보려고 몸부림치다
이리 붉은 멍이 들었네

한때는 영원인 줄 알았는데
푸르던 날들 다 잃었네

가을바람 옷깃에 차니
나도 낡은 옷을 벗을 때

붉은 멍 속에 푸르름의 미련이 남아 있다

위양지* 겨울

진눈깨비 살짝 내린 못둑길을 걸어본다
완제정**으로 걸음을 옮겨 둘레길로 눈길을 던진다
구부러지고 힘줄처럼 나무뿌리가 툭툭 드러난 길을 보노라면
마음도 따라 자연으로 돌아간다
옷을 벗은 이팝나무 느티나무 팽나무들
시린 어깨를 감싸며 온기를 나눈다
늙은 팽나무가 못물 위에 눕는다
모두들 물속에 들어 허리를 굽혀 인사한다

* 밀양시 부북면 소재.
** 위양지 안에 있는 정자.

주산지*

하늘 가까운
별바위 틈에서 솟아난 샘물
방울방울 떨어져 생긴 하늘못

능수버들 왕버들 쫓겨온 곳이 이곳 물속이었나
긴 허리 물속에 담그고 오래 살아오면서
물고기숲도 만들었다

자욱이 내리는 함박눈
버드나무들 눈꽃을 피우고
떨어지는 눈꽃잎은 어지러이
물고기숲으로 숨는다

못길 아래 작은 개울
자갈 모래 언 풀잎들 어우러진
얼음 풍경화를 본다

* 경북 청송군 소재.

소낙비

남쪽 하늘에서 시커먼 구름이 덮여 온다

구슬만 한 비가 정신을 잃게 한다

비닐하우스를 때리는 빗소리 귀머거리가 될 것 같다

흙탕물 콸콸 넘쳐흘러 농로를 덮고

앞마당 잔디풀잎 허리가 끊어진다

길을 따라 벚나무들 힘을 잃고 기우뚱 서있다

점점 거리가 흙탕물로 만신창이가 되고 있다

상남천[*]

길게 줄지어 선 개천둑 벚꽃나무
물 쪽으로 허리가 굽어 있다

산들바람에도 힘없이 흔들려
쓰러질 듯 안쓰럽다

아침부터 봄비는 잎을 타고
진주처럼 떨어진다

등하굣길
아버지의 등이 되어 주던 돌다리

돌다리 아래 깊은 곳은
철새들의 터전

＊밀양시 상남면 소재.

엄마의 손

늘 보면서 만지기도 했다

이모 손은 손톱이 길면서 매니큐어가 분홍색
손가락은 가지런하면서 부드러웠다

엄마 손의 주름은 살아온 농촌의 나이다
손마디가 크다
손톱도 많이 두껍다

손바닥은 누렇게 물들어 지문이 없다
이 손으로 예쁜 자식들 얼굴 비비대면
아파서 도망간다

엄마 손 주름과 얼굴 주름이 닮았다

고향에 돌아오다

코 흘리고 쥐불놀이하면서 시작한 세상길
뛰고 넘어지고 지나다 보니
벌써 팔순 고갯길을 넘고 있다

친구들 함께 눈을 감고 다녀도
상처 없던 고향 고샅길

초가지붕 돌담도 희미하고
뛰노는 꼬마 하나 보이지 않는다

시원한 아침 산들바람에 춤추는 푸른 보리밭
앞집 지붕에 꼬리 흔들며 즐기는 까치들
나를 보고 반기지만

그때 울며 웃으며 지낸 친구는 보이질 않는다
소식도 없이 앞질러 간 건지
뒤처져 어느 움막에 사는지

잠시 정신을 가다듬고

험한 남은 길 또 걸어가자

새해 해맞이

가족과 열차에 몸을 싣고 정동진으로 떠난다

이 골목 저 골목으로 허덕거리다
간신히 짐을 풀고 새해 해돋이를 기다린다

동해 바다 수평선 위로 주홍빛 실크천이 펼쳐진다
가슴이 뻥 뚫린다

모래사장에 발을 묶고
두 손 모아 연신 소원을 빈다
붉은 햇덩이가 눈을 쏜다

새해를 맞는 바닷물고기들도 기뻐할까
줄을 지어 밀려오는 파도들은
발밑에서 자갈 모래와 시끄럽게 와글거리다 밀려간다

눈 덮인 동백나무

동백나무에 밤새 하얀 솜털 같은 흰 눈이 내렸다

곧 쓰러질 듯 간신히 버티고 섰다
힘겨운 가지 사이로 동백꽃 여럿 보인다

흰 눈이 고개를 못 들게 꽃부리를 누르지만
당당한 꽃술은 휘지 않는다

비옷을 입고 동백나무를 마구 흔든다
눈을 털어내 푸른 동백을 만든다

꽃들은 일제히 고개를 들어
패션쇼로 즐거움을 준다

삶이 여행이다

함께 여행하는 짧은 시간을
우리는 얼마나 많은 다툼과 눈 흘김으로 허비하고 있는가

너무나 짧은 여정인데 서로를 용서하지 않고
남의 실수를 들춰내고 불평하며 시간과 에너지를 낭비하는가

멀지 않은 역에서 내려야할지 모르는데
비난하고 속이고 모욕을 주더라도
마음의 평화를 잃지 말자

함께하는 여행의 이 좋은 시간은 영원하지 않다
기억하자 우리의 따뜻한 여행을
그들 자신도 하차할 역이 언제 다가올지 알 수 없다

나는 여행 중이다
당신과 나는 다음 역에서 내릴지도 모른다

사람이 어떻게 살아야

삼랑진 낙동강 철교 옆에 멈추었다
강변 갈대들은 또 한살이를 다하고
강 쪽으로 구부러져 말이 없다

이곳은 밀양강이 합류하는 곳인데도
강물은 흔들림 없다

넓은 강물을 덮은 하얀 비닐 때문에
흐름을 알 수 없다

석양빛의 반사로 눈을 감을 수밖에 없다
철교 위를 달리는 기차가 있어도
낙동강은 눈 한 번 끔벅거리지 않는다

얼마나 깊고 넓은……

사람들은 어떻게 얼마나 배우고 수양해야 될까
나는 그렇게는 될 수가 없는 사람이다

나의 일생

초등학교 1학년 어느 더운 날 날벼락을 맞았다
40대의 아버지가 하늘나라로 떠났으니까
상주 옷으로 3일간의 장례를 마치고
뒷산 기슭에 아버지를 묻었다
온몸이 땀에 젖어 삼베옷이 몸에 감겼다
눈물이 쏟아지고 목이 잠겨 걸을 수 없었다

그때는 땔나무로 밥하고 소죽을 끓였다
땔나무를 한껏 해 오는 날이면
부엌에서 삶은 고구마와 김치를 내주시던 할머니 모습이 그립다

살아야 한다는 찐한 마음은 가슴에 묻고 산다
얼음장 밑에도 물고기가 살아있고
눈 덮인 보리 고랑에도 보리 뿌리는 살아있어
고통의 짐을 지고 뚜벅뚜벅 걸어가면
행복의 열쇠가 있다는 것

명절이나 아버지 기일이면 소원을 빌었다

아버지, 60살까지만 살게 해 주십시오

지금 80이다

파크골프장을 찾아갔다

강변에 있는 골프장이다
코스 번호가 팔랑거리는 깃발을 찾아
팀별로 몰려다니며 골프채를 휘두른다

한줄기 바람은 강물을 파란 썬라이트로 덮고
누런 잔디는 반쯤 땅에 묻혀 바람에 꼼짝없다
잎은 짓밟혔지만 땅 밑 뿌리는 한창 분주하리라

간혹 자맥질하는 오리들
버드나무들은 부드러운 뿌리를 물속으로 뻗어 있다
강둑을 지나는 사람들 오리마냥 여유롭다

쇳덩어리도 생명이 있더라

용광로에 1500도 이상의 열을 가하여 만들어지는 쇳물
쓰임에 맞는 원소를 먹여서 세상으로 나간다

비행기에 들어가 하늘로 날아다닌다
바다 위를 떠돌아다니면서
독한 원유를 먹고 사는 놈도 있다
승용차에 들어가 음악 소리를 듣는 행복한 놈도 있다
집 안에서 부림을 받기도 한다

눈비를 맞으면서 한 생을 다하는 철길처럼
저마다 제 할 일을 다하고 죽음을 맞을 때
이것들의 이름은 똑같다

고철이다

이른 봄소식 동백꽃

다른 나무들이 추운 겨울을 이기지 못해
잎을 떨구고 앙상한 가지만 남아 있는 무렵에
푸른 잎과 짙은 핑크빛 꽃봉오리를 뽐내는 동백꽃

화려한 빛깔로 눈길을 사로잡는 동백은
따뜻한 남쪽 여수 오동도 거제 지심도 제주 동백수목원에 많다

추운 날 붉은 꽃망울을 터뜨리며
봄의 소식을 먼저 전한다

색깔만큼 향기도 좋겠다고 생각했지만
유혹할 나비나 벌이 없어선지 향기가 없다

키 큰 나무들이 모인 숲은 나를 압도하여
미로에 들어선 듯하다

꽃송이들이 수북하게 떨어진 발치는
신랑 신부의 핑크 카펫 같다

대나무밭 땅굴

1950년 6·25 전쟁이 일어났다
대나무가 울창한 곳을 찾아 땅굴을 파고
비행기나 총소리가 들리면 허겁지겁 굴속에 숨었다

이른 아침 땅굴 속으로 밥 지을 쌀 심부름을 가면
대밭이 요란스러웠다
잠자는 비둘기들을 깨웠으니까
나도 따라 놀랐다

한낮 대밭에서 놀 때면 댓잎들이 바람에 나풀거려
얼굴에 그림을 그리고
간밤에 내린 빗물이 굴속으로 스며들면
대나무 뿌리 끝으로 차가운 물방울이 똑똑
목덜미에 떨어졌다

우두커니 혼자 남아 위를 보면
댓잎 사이로 하늘이 내려왔다

승학산 등산

동아대학교 캠퍼스 안쪽을 돌아
등산길이 나 있다

낙동강 바람을 등에 업고 오른다
경사가 심한 곳은 이마가 닿을 듯한 자갈길
한 발 한 발 조심스레 올라
해발 497미터 정상 표지석을 만진다

발아래 굽이 휘돌아 오는 낙동강 줄기
김해공항
멀리 가덕도 연대봉 마루의
솜털을 깔아놓은 듯한 안개의 띠

다시 동쪽으로 눈 돌리면
바람을 따라 긴 소맷자락을 너울거리는 억새들의 군무

눈물이 다르다

엄마가 몸부림 없이
눈을 뜬 채 눈물을 한없이 흘린다
베개가 젖는다

엄마 엄마
땅을 치며 부르고 또 부른다
엄마를 안고 통곡해도 대답이 없네

내 눈물은 엄마 앞가슴에 주룩주룩 떨어지지만
자식의 눈물은 엄마의 베개를 적시지 못하네

아야 아야 아야

구월의 나뭇가지 끝에 달린 사과 같은
앳된 열아홉에 시집와
아들딸 키우느라 밤낮 없는 엄마

장날에 고기 한 근 사 와
가마솥에 끓여 저녁상이 차려지면
엄마는 숟가락을 놓고 나가신다 배부르다고

생선구이는 머리만 좋아하고
나머지는 자식 앞으로 밀어낸다
나는 생선 머리가 제일 맛있다고

자식밖에 모르는 칠십의 나이를 지나

후회한 적 없었다는 엄마의 머리카락은
눈이 내려 새하얗다
이마에 깊이 패인 주름에
손자의 꼬막손이 자꾸만 간다

허리는 굽고 무릎은 좋지 않아
집에만 들어오면 아야 아야 소리밖에 없다

파도가 바위를 이긴다

바다로 낚시를 다니면서도 보지도 느끼지도 못했다
하늘로 솟은 송곳바위
천 근 몸뚱이로 물 위에 누워 있는 바위들

잠도 자지 않고
수백 수천 년 파도가 바위를 때려 자갈과 모래를 만들고

이것들이
우두커니 서있는 것 같은 바위를 밀어
조금 조금 위로 오른다

태풍이 휘젓는 파도와
지나는 배들이 남긴 출렁거림이 때리면
깎이고 또 뜯긴다
팔과 다리가 떨어지고 온몸 여기저기 구멍도 생긴다

팔십 고갯길에 이르러

비좁은 고샅길 흙과 돌로 지은 초가에서 태어나
초등학교 일 학년 때 아버지를 떠나보내던 날
삼베 상주 옷이 땀에 젖어 살갗에 들러붙었다

소 먹이고 땔나무해 오면
할머니와 부엌에서 고구마와 김치로 끼니를 때웠다
호롱불 같은 불빛도 보이지 않는 굴속 같은 날들이 길어
헤어지지 말자는 할머니 말씀을 뿌리치고 고등학교 다닐 때
자취를 하고 외갓집으로 작은아버지 집으로
작은아버지 친구 분의 문간방으로

서러움과 눈치로 세상 물정을 배울 때
사촌 여동생 친구의 고운 손도 차마 밀었다

허리 한 번 펴지 못한 평사원으로 오른 높은 자리
물러나 허리 펴고 돌아보니
걸어온 길 아득히 젖어 반짝인다

유부도*

목에 노란 띠를 두른 저어새가
괭이갈매기와 어울려 살아가는 섬

새 생명으로 부산한 봄이면
들고양이들이 알을 훔치기 위해 어미새와 실랑이가 심하다

검은 바위들을 흰 페인트로 도배질한
몇 천 마리 검은머리물떼새들 일제히 하늘을 덮으면
섬이 온통 어둠으로 바뀌는
새들의 천국

*충남 서천군.

민들레꽃

길섶에서 환한 얼굴로 인사하는 예쁜 꽃
사람들이 짓밟고 트랙터가 짓누르면
잎줄기가 잘리고 몸뚱아리가 망가진다

그래도 온 힘을 다해 살아난다
낮이면 꽃잎을 한껏 벌려 꽃송이를 드러나게 하고
밤이면 꽃받침의 힘으로 꽃잎을 오므린다

꽃잎이 다 지면 새 생명의 길을 연다
씨앗 끝에 솜털로 낙하산을 만들어
꽃대 위에 올려 씨뿌림을 준비한다

실바람에도 낙하산을 타고 새로운 터에 날아 앉는다
그곳에서 다시 새 삶을 이어간다

섬진강을 품다

화개장터 국밥집엔 왁자한 웃음소리가 가득 끓어 넘치고
윗동네 구례마을은 개울과 뒷동산까지
지천으로 노란 물감을 풀었다
산수유가 갓난 애기 손가락마다
노란 장갑을 끼웠다

온통 흰 눈을 쏟아부은
섬진강 십 리 벚꽃길 따라

하얀 뭉게구름 내린 건너편 언덕에
사람들이 둘러앉아 막걸리잔을 든다

이팝나무

가뭄이 심해 먹을 양식이 없다

어미가 젖이 말라
이름도 없이
굶어 죽은 자식

산기슭에 애장을 하고
어미는 거기에 이팝나무를 심었다

해마다 오월이 돌아오면
굶지 말고 배불리 먹으라고
이팝나무꽃 푸지게 핀다

가슴에 묻어둔 여자

학생 시절 사촌 여동생 친구를 만나
자주 보게 되었다

시험 기간 쪽방에서 같이 밤을 새우곤 했다
그때는 내 여동생의 친구였다

훗날 고향에서 야학 선생을 할 때
그이는 회사 생활을 시작했다
월급날이면 밥도 사고 용돈도 주었다
어떤 날은 손등에 눈물을 뚝뚝 흘렸다

입대 통지가 오던 날 회사를 그만두고
나와 함께 고향에서 잠깐 보낸 후

입대 날 동동 뛰면서 배웅해 준 그이
멀어져 가는 기차
가슴이 아팠다

군 생활 중에 긴 편지를 받았다

그리움의 그림자는 짙어만 갔다

제대 후, 마산에서
애기를 안고 인사 없이 스쳐 간 그이

6·25 전쟁 피란

군인들이 총을 겨누고 재촉했다
이고 지고, 소달구지에 실은 짐
고향 떠나는 가족들
영영 헤어질까 두려웠다

여섯 식구 낯선 마을 문간방에 짐을 풀었다
땔감하러 문밖 나서다
군용 트럭에 탄 새카만 짐승 같은 군인들 만났다
흰 이빨로 와글거렸다
무서워 무릎 꿇고 살려 달라 연신 빌었다
껌을 던져 주고 갔다 여섯 살 어린 나에게

고향에 돌아오니
앞들에는 황금 같은 벼들이 넘실대고
불탄 집
우두커니 선 부서진 흙담 막막했다

당산나무

뒷산으로 가린 마을 입구에
육백 년 된 느티나무가 있었다

정월 대보름 당제堂祭를 지낼 때
나가는 사람 들어오는 사람 모두
그 나무에 빌었다

푸른 그늘을 펼치던 봄 여름
커다란 가지로 바람의 갈기를 가르던 가을 겨울

언제나 당당한 동신洞神이었다
사라호 태풍으로 끝내 다시 일어서지 못할 때까지

여름휴가

준비를 마치고 새벽 먼 길 나서려니
벌써부터 그려지는 목적지의 그림
한껏 마음을 부풀게 한다

아침때가 지나기도 전에 무섭게 뜨는 해
잘못한 게 없는데도 눈을 뜨고 보기 힘들다

가는 내내 구름이 내 마음을 살펴서
아쉽지 않게 풍경을 감상한다

텐트 안에 남은 짐을 풀고 나니
마음을 뺏어 가는 금모래 별들의 반짝임

끝도 없이 피어나는 이야기꽃 위로
이슬은 밤새 쌓여만 간다

어린 시절

아지랑이 가물거리는 봄날
골짜기로 들어선다

달큰한 버들강아지 하나둘 따 먹고
가재를 잡으려 골짝물에 발을 담근다
어룽거리는 물빛의 바닥

돌멩이들을 헤집는다 돌멩이처럼 꼼짝 않고 웅크린
가재
깡통에 한 마리씩 잡아넣지만
시간 가는 줄 모르고 어둠이 내리면
골목길에 내 이름이 쩌렁쩌렁한다

고무신은 깨끗한데
발등 손등은 허연 때가 붙어있고
손가락에선 그때까지 피가 흐른다

그이
—노 여사女史

보고 싶을 때 만나 이야기꽃을 피웠지
사랑의 움이 하나둘 돋았지
탁자 위의 빵은 몇 시간이 지나도 그대로

집으로 돌아가야 할 시간
타고 온 명성호의 뱃고동이 재촉할 때
흔드는 손이 눈이슬에 부서졌지

제대를 하고 보니 친구가 안고 갔네
입대 전 그이의 오빠와 어머니께 인사하고
산길 넘어올 때 풀섶에 앉아
두 손을 꼭 잡고 눈웃음으로 약속하던 그이를

오십 년도 더 지나
카톡으로 인사를 나눈다

보리밭

늦은 가을 씨보리를 뿌린다
추위에 얼었다 녹았다 하면서
조그만 목숨들이 겨울을 안간힘으로 견딘다

봄이 되면 전부가 웃는다
바람이 불면 파도처럼 일렁이며 춤을 춘다

들판 가득
가지런히 붓을 세운다

가시수염이 더 억세진다

보리가 익을 저녁 무렵
보리밭 고랑길은 어둑어둑한 긴 터널이 된다

나쁜 바람

포근한 강보에 싸인 어둠을 지나
창문을 여니
어둠 속에서 갓 태어난 공기가 한 아름 밀고 들어온다

먼동이 트면서
산들바람이 텃밭 상추를 운동시킨다
상추 잎에 맺힌 이슬을 털어준다

구름이 빠르게 도망간다
걷잡을 수 없는 바람이 순식간에
집 안을 만신창이로 만들고 달아난다

보이지 않는 것이 어떻게 생긴 것인지도 알 수가 없다
어디에 숨어 있다 또 나타날까
무섭다

대봉감나무

자식들 건강하게 키워서 지난가을 이별했지
늙은 나뭇잎들은 모두 떨어뜨리고
야윈 가지만으로 겨울나기가 힘들었지

이른 봄 연노란 꼬마잎을 새로 내면서
새 식구들 잘 키우겠다 다짐도 했겠지

감꽃 떨어지고 새끼 감이 배꼽을 달고 웃었지
활기가 넘치고 바람과 춤도 추었지

오늘 아침 감이 떨어졌네
왜 자식들을 버렸는지

만어사萬魚寺*

목화솜이 산허리를 감싸는 자성산慈聖山
정상 아래 산죽들이 감싸 안은 자리에
삼층석탑 보물이 있다

이곳에 소원을 적은 물고기 패가 수없이 달려 있다
앞마당에는 백 년이 넘은 느티나무가 지켜보고
수십 계단 밑에는 찾아오는 손님들을 안내하는
느티나무들이 또 있다

삼만 년 전 용왕의 아들 여기 와서 큰 미륵이 되었으며
그를 따르는 물고기들은 너덜겅 돌이 되었다 한다
이들은 모두 대웅전을 바라보고 있다

* 경남 밀양시 삼랑진읍 소재.

비에 젖은 장미

온몸에 침을 둘둘 감고 살아간다

한겨울엔 다 버리고 침들만 남아 있다
봄 되면 장마에 오이 자라듯
하늘을 찌른다

좋은 옷 갈아입고 봄맞이할 땐
지나는 사람들 가던 걸음을 멈춘다

거센 빗줄기가 사정없다

허리가 꺾이고 꽃잎이 찢긴다
굵은 눈물이 뚝뚝 떨어진다

무화과

가느다란 잎자루마다 장갑 낀 듯 푸른 잎을 달고
겨드랑이에 젖꼭지를 달았다
실망시키지 않으려 튼튼히 크고 있다

몸이 약하고 잎이 크니
만만하게 보고 바람이 덤벼든다

크게 요동치면서 허리는 고장이 나고
떨어진 잎자루에서는 뿌연 눈물이 흘러내린다

오월의 햇살을 살찌우는 젖꼭지들
젖소 젖꼭지를 닮아간다

꽃은 언제 보여 주려나

갈대

지난밤 세찬 비바람이 골목을 어지럽혔다

서로 먼저 어른이 되겠다고
머리끝을 돌돌 말아 높이 솟던 갈대
치도곤을 당하고 쓰러졌다

중천에 해 오르자
고개를 들고 살아야겠다 아우성이다

여기저기 간신히
다시 허리를 펴고 있다

아내

얼핏 설핏 치켜올린 고개 숙일 줄 모르는 새순이

당신 곁에 살게 되었지만

당신과 살다 함께 쓰러지는 길이라도

소나무야, 나 혼자서는 설 수 없는 칡넝쿨이기에

당신을 붙잡고 오른다

붕어 낚시

낚싯대 던지기도 전에
떡붕어 그림이 그려진다

산들바람이 머리를 스치며 지나간다
시간의 묵직함을 느낄 때
저수지 뒷산이 물속에 앉아 있다

다시 생미끼를 달고 기다린다
미끼를 삼킨다는 건 망태 속으로 들어온다는 것이다

한참을 낚싯대 끝만 바라볼 때
내 얼굴이 잔물결에 주름져 떠있다

서쪽 둑 가까이에는
한 무리의 윤슬이 수많은 백열등을 켜고 있다

연리지

얼마나 사랑이 깊으면
한몸이 될까요

얼마나 눈비를 함께 견디어야
한몸이 될까요

모든 걸 다 바쳐 마침내
한몸이 되었습니다

오동나무
—아버지

비바람이 괴롭혀도 울타리를 지키며
두터운 잎살로 짙은 그늘을 만들어주던
오동나무와 살았다

오동나무 시원한 그늘 아래로 하나둘 모여
옹기종기 이야기를 나누다 조용해지면
오동나무가 식솔들을 가르치는 시간

지금도 영원한 그늘인,

울타리 안으로 드는 모든 이들에게도 기꺼이
그늘을 내어주던
오동나무

담쟁이

담쟁이넝쿨은 물러서지 않는다

손에 굴밤나무가 잡힌다

푸른 잎으로 검은 속내를 가리고

빨대 잎으로 굴밤나무 피를 빨며 오른다

뒤따르는 형제들이 양쪽에서 따라 오른다

파죽지세다

뭉게구름

뽀얀 솜털 뭉치가 하늘에 떠있다

아가의 볼처럼 몽실몽실한 저곳에 누워
고향 역으로 가고 싶다

아버지 어머니도 한 번씩 보인다

아버지 지게

먼동이 트면 아버지는
지게를 등에 붙이고 삽짝문 밖으로 나갔다
해가 서산에 질 때쯤 들어왔다
흐르는 땀이 윗도리를 적셨다

막걸리 담은 주전자
찰방찰방 중참 심부름할 때
등 두드려 주던 아버지

큰물 져 친구들 산길 돌아 학교 오갈 때
지게에 얹어 개천 건네주던 아버지

몰래 온몸 만지며 홀로 아파하시던
지게사랑이 오래 가슴을 적신다

메아리 없는 그리움

셋이서 한집에서 같이 컸다

열다섯
음력 팔월 보름 사라호 태풍 몰아칠 땐
셋이서 지붕에 올라 양팔 벌리고 엎드려
가까스로 이엉을 지켜냈다

훗날 저마다 짝을 만나
늘 푸름으로 살다
가을이 오기 전에
낙엽 되어 이 세상과 이별했다

그저께 고향 축제에서 고향 사람들을 만났다
지난날들이 더 큰 그리움으로 사무쳤다

멍든 가슴으로
혼자 걸어가는 길이 고독하다

투명 지팡이

사람 사는 길에 지팡이가 있다

나무 지팡이도 아니고
금속 지팡이도 아니다
줄곧 자기 자리 지켜온
보이지 않는 지팡이

힘들어 쓰러질 것만 같은
땅만 보며 걷던 날들
투명 지팡이가 찍어주는 길 따라 걷다 보니
하늘을 보았다

나와 함께 먼 길 걸어온 지팡이도
나와 함께 흐느적거린다

얼마 지나 요단강 건너갈 지팡이에게
머리를 숙인다

현동초등 15회 동기들

가슴에 손수건 달고 모여든 첫 인연들
운동장 탱자나무 울타리에 팔다리 성할 날 없어도
검은 고무공 함께 차며 뛰고 뒹굴었지

하늘 찌를 듯 그 용기로 도회지에 나가
열심히 살아온 세월
쓰러질 것만 같은 시간 있었지만
서로 격려하며 쓰다듬어 주었던 고추친구들
한바탕 낮꿈 같은 칠십 년 흘러간 지금
짐 다 내려놓고
그 시절 이야기꽃 피워보자

광수 평모 근태는 어디서 살고 있는지
아스라한 기억들
흑백 졸업사진 꺼내놓고 더듬어본다

고마운 달빛

오일장 서는 날 농작물 팔러 가신 엄마
어둑어둑해도 돌아오지 않는다
오이를 못 팔았는지 가지를 못 팔았는지
팔리지 않는 작물이 시간을 잡아 두었나

동구 밖 한참 지나
달빛 아래 먼 곳에서 움직임이 보인다
다 팔리지 못한 것들을 바구니에 담아 이고
힘겹게 걸어오는 엄마

엄마의 발자국을 밝혀주는 달빛은
삼십팔만 킬로미터가 더 되는 먼 곳에서
엄마의 고달픔을 읽었나

속바지에서 박하사탕을 꺼내 주신다
그 달콤함은 엄마의 마음

고마운 달빛은 지금도
내 마음 산골짜기 고향에 내린다

사흘 피는 연꽃

진흙 썩은 물 먹고 다소곳이 새순 말아 세상 구경한다
이슬방울 동글동글 맺혔다가
아래 잎을 두드리며 굴러 떨어지기도 한다

긴 꽃대 끝에
아스라이 앳된 부처처럼 피어나는 홍련화
저리 고운 꽃덮이
아침에 피어 해 질 때 봉오리를 닫는다

바라보는 사람의 마음을 다스릴 줄 아는 꽃

제비가 보고 싶었던 까닭

아침 공기를 마시려 창문을 연다
연미복을 입은 젊은 제비들이 줄줄이 빨랫줄에 앉아
무어라고 빠르게 조잘댄다
나는 알아듣지 못하지만 저들은 알아듣는 눈치다

둥지 손질을 끝내고
어미제비가 새끼들을 키우고 있다
먹이를 찾아 곧 날아오른다

제비를 기다린 까닭은
박 씨에서 쏟아질 금은보화 때문이 아니다
공기의 수면을 미끄러지듯 쏜살같이 나는
비행 솜씨가 보고 싶어서다

폭우와 왜가리

하늘에도 군대가 있어 지시를 받았는지
덩치 크고 힘찬 여러 무리들이 재빠르게 모여들어
두터운 스크럼으로 먹구름을 만들었다

똑 똑 또닥 시작한 빗방울이
순식간에 장대비로 쏟아져
밤새도록 천지를 두드렸다

피할 새 없는 강물의 역류로
제 목까지 잠긴 버드나무는 가지가 찢어질 듯
거센 물살에 마구 흔들리고 있다

갈 곳 잃은 왜가리들이
우듬지에 앉아 흙탕물을 원망하고 있다

나의 할머니

내 나이 팔십,
그리운 이름 하나
가슴에 묻고 산다

피란에서 돌아와
폐허 위에 풀더미 움막을 짓고 살던 어린 날들
창포물에 머리 감고 매무새 고치더니
내 손을 잡고 상갓집에 간다
차린 음식 많이 먹어라 자꾸 이른다
허벅지를 꼬집으며 더 먹어라 눈치 한다
먹을 것 있는 자리에는 늘 나를 부른다

밤낮으로 가포 앞바다 조개를 잡아
오남매 자식들 배곯지 않게 키우시느라
할미꽃처럼 굽은 허리
지팡이를 손에서 놓지 못했지만
손자가 부르면 허리를 꼿꼿이 세워 눈웃음 한 번 주시고
다시 허리를 굽힌다

심부름 잘하면 소죽에 계란 삶아 주시던 할머니

지우고 지워도 돋는
눈에 어린 풀꽃 같은 그 이름

쥐불놀이

정월 대보름 앞뒤 쥐의 날이면
마을 꼬마들 깡통에 마른 풀 나무토막 넣고서 불을 지핀다
왼팔 오른팔로 크게 원을 그리며 깡통을 돌린다
부지깽이 같은 키 큰 순철이가 앞장선다

달빛이 어느새 내려와 우리 앞을 환히 밝힌다
너나없이 불 속에 마음을 맡기고
달님에게 소원을 빈다
나는 감기 오지 않게 해 달라고 빌었다

윗도리에 불구멍을 낸 옆집 창열이는 엄마한테 쫓겨나
논두렁에 바위처럼 웅크리고 앉아 떨면서 울고 있었다
머리카락을 태운 까무잡잡한 영숙이는
많은 날들을 머리에 수건을 감았다

영숙이 경자는 어느 하늘 아래 살면서
쥐불놀이를 추억할까

짝사랑

—해바라기

나는 내 이름 따라
해만 바라보며 커다 보니
가늘고 여린 목줄기로
너무 크고 무거운 꽃을 피웠다

굽은 목을 지탱하면서 내 청춘의 꽃잎은 늙어졌고
검은 눈동자의 기억만 남은
내 짝사랑의 걸음은 여기서 멈춘다

마을 빨래터

비탈진 둑길 내려가다 한 번 삐끗하면 엉덩방아로 혼쭐나던
검정 고무신 개울물 따라 멀리 멀리 떠내려가던

마을 어귀 돌다리 옆 빨래터

아침나절 아낙네들 양쪽으로 줄지어 앉아
빨랫돌 하나씩 차지하고 마구 두드리는 방망이 소리는
난타 공연하는 소리 같다

빨래 끝나면 개울둑은 빨래들로 하얗게 덮이고
아낙네들은 남은 이야기꽃을 피운다
마을 소식을 속속들이 서로 안다

때때로 나도 엄마한테 붙잡혀
새까만 손등이 수세미나 돌멩이로 배내 손처럼 하얘지지만
며칠 지나지 않아 다시 까마귀손이 된다

거미

설계를 마치고 허가증을 받은 것 같다
화단 소나무 가지들 사이 허공에다
방적돌기에서 뽑은 가는 실로 아슬아슬히 집을 짓는다

풀어 짠 촘촘한 격자에 더러 헤매기도 하는 미로의 집
이른 아침 작은 이슬이 몽골몽골 맺혀 있다
하루살이가 깜짝 놀라 달아난다

이슬은 사라지고 집이 무너질 듯 흔들린다
잠자리가 온 힘으로 발버둥을 친다
이놈을 끈적거리는 실로 돌돌 말아 두고 집을 손본다

백일홍

누굴 기다리는 듯
까치발 아래 저수지 물속을
허리 굽혀 내려다보는 백일홍

태풍이 지나간 아침
분홍 꽃잎 촉촉이 비에 젖어
머리 감고 나온 여인 같은 꽃

몽골몽골 꽃송이송이
긴 여름
방실방실 피고지고 피고지고

진정한 친구

인생 팔십이면
서산 넘어가는 해와 내 모습이 같고
앞가슴을 스치는 늦가을 바람
내 마음과 같다

이 몸을 지금까지 썼으니 온전한 구석이 있겠나
둥근 돌멩이가 우연일 리 없고
떨어지는 낙엽이 온전하지 않은 것처럼

한평생 살면서 참된 친구 몇 명이나 될까
술 마실 때 형 동생 하는 친구는 많아도

내가 이 속세를 떠난다면
술 한 잔 따르고 펑펑 울어주는 친구가 있을까
나는 한 명이라도
진정한 친구가 당신이었으면 좋겠다

호박꽃

사무실 앞 빈터가 허전하기에
여직원들에게 호박을 심어보자 했더니
우리가 우리를 어떻게 심을 수 있나요 깔깔댄다

구덩이에 소똥 거름과 비료를 섞어 호박씨를 조심스레 심었다
빨리 싹이 터서 좋은 관계 맺기를
조마조마 기다린다

떡잎이 양손을 벌려 웃더니 덩굴손이 자란다
이리저리 돌려주며 정성을 다하니
앞으로 내달리듯 잘 크고 있다

노란 호박꽃이 피었다
꿀벌들 부산한데
꽃송이가 천둥소리처럼 크게 흔들린다
허리 숙여 살펴보니 왕벌이 들어와 야단법석이다

꽃 필 때는 눈길 한 번 주지 않더니

호박덩이 누렇게 익어가니 모두들 좋아한다
늙을수록 사랑받는 호박꽃

세월

요즘 유난히 이른 새벽에 눈을 뜬다
잠든 밤에도 세월은 쉬지 않고 흐르고
눈뜬 캄캄한 밤에도
흐르는 소리가 들리는 것 같다

세월은 브레이크가 없다
봄 여름 가을 겨울을 남기고 또 남긴다

밀양강 풀숲길을 따라 걷다가
거울 같은 물속에 내 얼굴을 본다
백발이 듬성듬성한 머리카락
나는 하류의 어느 지점에 이르고 있는가

살랑살랑 부는 바람이 지금 나를 어디로 데려가나
설핏 지는 해를 왜 나는 닮아가는가
미루나무 잎 지는 소리에
나는 점점 얇아져간다

해설

그리움을 소환하는 팔순의 행로

—윤성인 시인의 시세계

해설

그리움을 소환하는 팔순의 행로

—윤성인 시인의 시세계

이 승 주 (시인)

1. 단풍의 시간, 단풍의 계절

비좁은 고샅길 흙과 돌로 지은 초가에서 태어나
초등학교 일 학년 때 아버지를 떠나보내던 날
삼베 상주 옷이 땀에 젖어 살갗에 들러붙었다

소 먹이고 땔나무해 오면
할머니와 부엌에서 고구마와 김치로 끼니를 때웠다
호롱불 같은 불빛도 보이지 않는 굴속 같은 날들이 길어
헤어지지 말자는 할머니 말씀을 뿌리치고 고등학교 다닐 때
자취를 하고 외갓집으로 작은아버지 집으로
작은아버지 친구 분의 문간방으로

서러움과 눈치로 세상 물정을 배울 때
사촌 여동생 친구의 고운 손도 차마 밀었다

허리 한 번 펴지 못한 평사원으로 오른 높은 자리
물러나 허리 펴고 돌아보니
걸어온 길 아득히 젖어 반짝인다

—「팔십 고갯길에 이르러」

살아보려고 몸부림치다
이리 붉은 멍이 들었네

한때는 영원인 줄 알았는데
푸르던 날들 다 잃었네

가을바람 옷깃에 차니
나도 낡은 옷을 벗을 때

붉은 멍 속에 푸르름의 미련이 남아 있다

—「단풍을 보며」

팔십 고갯길에 이른 시인은 성찰과 반추의 의식을 일깨우는 가을 찬바람을 느낀다. 가지를 떠나야 할 단풍잎처럼 자신도 어느덧 생의 “낡은 옷을 벗을 때”가 되었음을 절감하면서도 아직도 다 불사르지 못하고 남아 있는 "푸르름의 미련"을 떨치지 못한다. 그 푸르름에 대한 미련이 시인을 "붉은 멍"의 시간에 대한 성찰로 이끈다. "호롱불 같은 불빛도 보이지 않는 굴속 같은 날들"을 "서러움과 눈치로 세상 물정을 배"우며 "허리 한 번 펴지 못한 평사원으로 오른 높은 자리"까지의 "살아보려고 몸부림치"던 아득한 삶의 여정을 되돌아보게 한다.

누구에게나 인생은 참으로 녹록하지 않은 여정. 그 여정에서 불가항력적으로 봉착할 수밖에 없는 수많은 역경과 시련으로 마치 "한때는 영원인 줄 알았는데 / 푸르던 날들 다 잃"은 단풍잎처럼 온몸 여기저기 붉은 멍이 들고 상처투성이로 풍화되고 마멸되어가기 마련. 윤성인 시인은 초록의 시간들, 초록의 계절들을 다 지난 단풍의 시간, 단풍의 계절에 단풍잎의 치열했던 삶의 자취와 흔적에 자신을 투영하여 유한한 생의 숙명을 깊이 성찰한다. "붉은 멍"을 보며 생의 여정과 행로에서 마음에 새겨진 쓰라린 상처이자 애틋함인 그리움으로 남은 시간을 반추한다.

2. 핏줄, 그리운 인연

서정의 한 지류가 무상한 시간의 흐름 위에 새겨지는

심상과 기억 속에 저장된 그것의 소환일진대, 윤성인 시인의 서정과 시심의 수원지는 그리움에 적을 둔다. 핏줄과 생의 여정에서 만난 인연에 대한 그의 그리움은 상실과 부재로부터 오는 비애나 회한의 정서에 근거한다기보다 아스라함과 아릿함으로 채색되어 있다.

물러남과 내려옴, 내려놓음의 시간인 팔십 고갯길에서 윤성인 시인은 무심하게 흘러가는 시간의 강물 위에서 윤슬처럼 반짝이는 그리운 이름들을 불러낸다. 그 이름 하나하나를 한 송이 시화詩花들로 아름답게 수놓는다.

늘 보면서 만지기도 했다

이모 손은 손톱이 길면서 매니큐어가 분홍색
손가락은 가지런하면서 부드러웠다

엄마 손의 주름은 살아온 농촌의 나이다
손마디가 크다
손톱도 많이 두껍다

손바닥은 누렇게 물들어 지문이 없다
이 손으로 예쁜 자식들 얼굴 비비대면
아파서 도망간다

엄마 손 주름과 얼굴 주름이 닮았다

—「엄마의 손」

늘 보면서 만지기도 했던 엄마의 손. 엄마의 손은 손마디가 크고 얼굴 주름만큼이나 주름도 깊다. "구월의 나뭇가지 끝에 달린 사과 같은 / 앳된 열아홉에 시집와"(「아야 아야 아야」) 허리 펼 날 없는 고단한 농촌살이에 자식들 곱게 키우시느라 손바닥엔 지문도 없다. 그래서 그때는 자식들 예쁘다고 얼굴 비비대면 아파서 도망가야 했던 엄마의 손. 그땐 '얼굴'이 아팠지만 이제는 한 번만이라도 다시 만져볼 수 없는 아련한 그리움으로 '마음'이 아픈 그 손. 오일장 서는 날이면 농작물 팔러 가서 어둑어둑한 밤 달빛 밟으며 돌아와 속바지에서 박하사탕 꺼내 주시던(「고마운 달빛」) 엄마.

먼동이 트면 아버지는
지게를 등에 붙이고 삽짝문 밖으로 나갔다
해가 서산에 질 때쯤 들어왔다
흐르는 땀이 윗도리를 적셨다

막걸리 담은 주전자
찰방찰방 중참 심부름할 때
등 두드려 주던 아버지

큰물 져 친구들 산길 돌아 학교 오갈 때
지게에 얹어 개천 건네주던 아버지

몰래 온몸 만지며 홀로 아파하시던
지게사랑이 오래 가슴을 적신다

—「아버지 지게」

비바람이 괴롭혀도 울타리를 지키며
두터운 잎살로 짙은 그늘을 만들어주던
오동나무와 살았다

오동나무 시원한 그늘 아래로 하나둘 모여
옹기종기 이야기를 나누다 조용해지면
오동나무가 식솔들을 가르치는 시간

지금도 영원한 그늘인,

울타리 안으로 드는 모든 이들에게도 기꺼이
그늘을 내어주던
오동나무

—「오동나무-아버지」

'지게'는 아버지가 기꺼이 홀로 간당해야 할 식솔들

에 대한 가장으로서의 책임과 무게. 엄마의 '손 주름' 가족애는 아버지에겐 '지게사랑'이다. 먼동 틀 때부터 서산에 해 질 때까지 등에서 지게를 떼지 않으신 아버지. 큰물 져 친구들 산길 돌아 학교 오갈 때 지게에 얹어 개천 건네주시던 아버지. 중참 심부름할 때 등 두드려 주시던 아버지의 핏줄의 온기로 전해오던 손길처럼, 울타리를 지키던 오동나무와 같이 세월의 풍파를 견디며 식솔들에게는 물론 타인에게도 도타운 인정과 자애로운 그늘을 베푸시던 아버지. 윤성인 시인은 기억 속에 오래 묻어 둔 흑백 사진첩을 펼쳐 "초등학교 일 학년 때 (…) 떠나보"낸 "아버지"(「팔십 고갯길에 이르러」)로부터 받은 '그늘'의 가르침과 '지게사랑'의 시간을 오롯이 재생하고 반추한다.

셋이서 한집에서 같이 컸다

열다섯
음력 팔월 보름 사라호 태풍 몰아칠 땐
셋이서 지붕에 올라 양팔 벌리고 엎드려
가까스로 이엉을 지켜냈다

훗날 저마다 짝을 만나
늘 푸름으로 살다

가을이 오기 전에
낙엽 되어 이 세상과 이별했다

그저께 고향 축제에서 고향 사람들을 만났다
지난날들이 더 큰 그리움으로 사무쳤다

멍든 가슴으로
혼자 걸어가는 길이 고독하다

—「메아리 없는 그리움」

읽을수록 "메아리 없는 그리움"이 가을 물처럼 뼈에 차고 시리다. 푸르던 잎들이 낙엽 되어 세상과 이별하고 천지자연으로 돌아가는 건 우주의 섭리일 텐데 왜 낙엽의 이별이 사람의 가슴을 멍들게 하고 또 그리움으로 사무치게 할까. 왜 시인은 고독하고 아플까. 왜 메아리 없는 그리움이 읽는 이의 가슴을 메아리 되어 되울릴까. 그것은 "지우고 지워도 돋는 / 눈에 어린"(「나의 할머니」) 그 '셋'이 한집에서 같이 크고 저마다 짝을 만나 늘 푸름으로 살아온 한가지의 잎으로, 기억의 공간에서 소환하는 핏줄에 대한 사무치는 그리움 아니고서는 무정한 시간을 되돌려 그 '푸름'의 시절로 다시 돌아갈 수 없다는 것과 그것이 또한 우리의 숙명임을 알고 있기 때문이리라. 그런 연유로, 세상과 이별하는 낙엽처럼 인생의 행로가 끝내는 사무치는 그리움을 안고 "멍든 가슴으로 / 혼자 걸어가"야 될 숙명의 존재로서의 시인의 성찰에 깊이 공감하기 때문이리라.

사람 사는 길에 지팡이가 있다

나무 지팡이도 아니고
금속 지팡이도 아니다
줄곧 자기 자리 지켜온
보이지 않는 지팡이

힘들어 쓰러질 것만 같은
땅만 보며 걷던 날들
투명 지팡이가 찍어주는 길 따라 걷다 보니
하늘을 보았다

나와 함께 먼 길 걸어온 지팡이도
나와 함께 흐느적거린다

얼마 지나 요단강 건너갈 지팡이에게
머리를 숙인다

—「투명 지팡이」

“나와 함께 먼 길 걸어”오느라 “흐느적거”리는 투명 지팡이. 요단강을 앞둔 투명 지팡이—아내에게 진정을 다하여 바치는 감사와 존경의 헌사인 “머리를 숙인다”는 짧은 표현은 윤성인 시인의 시편들에서 언뜻언뜻 발견하는 압축과 절제의 여백을 보여주는 한 표현. 잘 보이지 않는 자리에서 자기 자리를 지켜온 “투명 지팡이”가 있음으로 해서 힘들어 쓰러질 것만 같은 날들을 견디며 마침내 “하늘”도 보며 여기까지 왔음이리라.

가슴에 손수건 달고 모여든 첫 인연들
운동장 탱자나무 울타리에 팔다리 성할 날 없어도
검은 고무공 함께 차며 뛰고 뒹굴었지

하늘 찌를 듯 그 용기로 도회지에 나가
열심히 살아온 세월
쓰러질 것만 같은 시간 있었지만
서로 격려하며 쓰다듬어 주었던 고추친구들
한바탕 낮꿈 같은 칠십 년 흘러간 지금
짐 다 내려놓고
그 시절 이야기꽃 피워보자

광수 평모 근태는 어디서 살고 있는지
아스라한 기억들

흑백 졸업사진 꺼내놓고 더듬어본다

—「현동초등 15회 동기들」

아스라한 기억들만 남기고 가는 세월. "서산 넘어가는 해와 내 모습이 같고 / 앞가슴을 스치는 늦가을 바람 / 내 마음과 같"(「진정한 친구」)은 팔십의 고갯길에서 시인은 "한바탕 낮꿈 같은 칠십 년 흘러간 지금" 가슴에 손수건 달고 만난 현동초등 15회 동기들과의 추억을 아스라이 더듬는다. "광수 평모 근태는 어디서 살고 있는지" "짐 다 내려놓고" "운동장 탱자나무 울타리에 팔다리 성할 날 없어도 / 검은 고무공 함께 차며 뛰고 뒹굴"던 "그 시절 이야기꽃 피워보"고 싶다. 정월 대보름 쥐불놀이 때 앞장서던 부지깽이 같은 키 큰 순철이, 윗도리에 불구멍을 낸 옆집 창열이, 머리카락을 태운 까무잡잡한 영숙이 그리고 경자. 이들도 지금 "불 속에 마음을 맡기고 / 달님에게 소원을"(「쥐불놀이」) 빌던 쥐불놀이를 추억할까. "친구들 함께 눈을 감고 다녀도 / 상처 없던 고향 고샅길"(「고향에 돌아오다」)을 잊지 않고 있을까.

학생 시절 사촌 여동생 친구를 만나
자주 보게 되었다

시험 기간 쪽방에서 같이 밤을 새우곤 했다

그때는 내 여동생의 친구였다

훗날 고향에서 야학 선생을 할 때
그이는 회사 생활을 시작했다
월급날이면 밥도 사고 용돈도 주었다
어떤 날은 손등에 눈물을 뚝뚝 흘렸다

입대 통지가 오던 날 회사를 그만두고
나와 함께 고향에서 잠깐 보낸 후

입대 날 동동 뛰면서 배웅해 준 그이
멀어져 가는 기차
가슴이 아팠다

군 생활 중에 긴 편지를 받았다
그리움의 그림자는 짙어만 갔다

제대 후, 마산에서
애기를 안고 인사 없이 스쳐 간 그이

—「가슴에 묻어둔 여자」

보고 싶을 때 만나 이야기꽃을 피웠지
사랑의 움이 하나둘 돋았지
탁자 위의 빵은 몇 시간이 지나도 그대로

집으로 돌아가야 할 시간
타고 온 명성호의 뱃고동이 재촉할 때
흔드는 손이 눈이슬에 부서졌지

제대를 하고 보니 친구가 안고 갔네
입대 전 그이의 오빠와 어머니께 인사하고
산길 넘어올 때 풀섶에 앉아
두 손을 꼭 잡고 눈웃음으로 약속하던 그이를

오십 년도 더 지나
카톡으로 인사를 나눈다

—「그이-노 여사女史」

가슴에 묻어둔, 사촌 여동생 친구와의 푸릇한 사랑에 대한 그리움이다. 오십 년도 더 지나간, 아릿한 슬픔과 애틋함으로 남은 '노 여사女史'와의 아스라한 추억이다. 그때는 '내' 여동생의 친구였지만 "사랑의 움이 하나둘 돋"아 입대하기 전 두 손을 꼭 잡고 눈웃음으로 약속하던 그이. '브레이크 없는 세월'은 "봄 여름 가을 겨울을 남기고 또 남"(「세월」)기고 흘러가지만 그뿐만은 아니다. 기억의 곳간인 가슴에 아스라한 추억을 묻으며 흘러가는 세월이 멀어질수록 추억은 그리움으로 자라고 그 그리움의 그림자는 짙어만 간다. 가슴에 봉인된 기억을 해제하는 시인의 그리움은 무심한 세월의 강 저편에서 "아득히 젖어 반짝"(「팔십 고갯길에 이르러」)이는 기억의 한 시절로 자신을 데려간다.

한편, 위의 시편들과 연관해 이번 시집에서 우리는 다음의 한 가작을 떠올린다.

> 나는 내 이름 따라
> 해만 바라보며 커다 보니
> 가늘고 여린 목줄기로
> 너무 크고 무거운 꽃을 피웠다
>
> 굽은 목을 지탱하면서 내 청춘의 꽃잎은 늙어졌고
> 검은 눈동자의 기억만 남은
> 내 짝사랑의 걸음은 여기서 멈춘다
>
> —「짝사랑 - 해바라기」

그리움을 소환하는 시인의 행로를 따라 읽다 만나는, 팔순의 고갯길에 핀 아름다운 시화詩花이다. 먼 데서 와서 아득히 먼 데로 흘러가는 세월의 강 물결을 세월의 보폭만큼 거슬러 밟으므로 세월은 흘러가도 기억은 흘러가지 않는다. 그래서 비록 "너무 크고 무거운" 사랑으로 '내' 목은 굽어지고 "내 청춘의 꽃잎은 늙어졌고" 마침내 "내 짝사랑의 걸음은 여기서 멈"추지만, 아름답고 행복했던 시절에 대한 "검은 눈동자의 기억"은 언제나 늘 제자리에 그대로 남는다.

3. "나는 하류의 어느 지점에 이르고 있는가"

요즘 유난히 이른 새벽에 눈을 뜬다
잠든 밤에도 세월은 쉬지 않고 흐르고
눈뜬 캄캄한 밤에도
흐르는 소리가 들리는 것 같다

세월은 브레이크가 없다
봄 여름 가을 겨울을 남기고 또 남긴다

밀양강 풀숲길을 따라 걷다가
거울 같은 물속에 내 얼굴을 본다
백발이 듬성듬성한 머리카락
나는 하류의 어느 지점에 이르고 있는가

살랑살랑 부는 바람이 지금 나를 어디로 데려가나
설핏 지는 해를 왜 나는 닮아가는가
미루나무 잎 지는 소리에

나는 점점 얇아져간다

—「세월」

인생 팔십이면 "미루나무 잎 지는 소리"가 아픈 성찰과 반추의 계절이다. 윤성인 시인은 생의 "하류의 어느 지점에 이르"러 미루나무 잎 지는 소리에 점점 얇아져가는 자신과 자신의 지나온 삶의 행로를 돌아본다. "얼음장 밑에도 물고기가 살아있고 / 눈 덮인 보리 고랑에도 보리 뿌리는 살아있어 / 고통의 짐을 지고 뚜벅뚜벅 걸어가면 / 행복의 열쇠가 있다는"(「나의 일생」) 믿음으로 살아왔지만, 낙엽처럼 쓸쓸한 생의 유한함과 무상함을 절감하며 돌아오지 못하고 멀어지는 세월—무정한 시간들을 애틋하게 성찰한다.

*

이번 시집에서, 팔십에 이르러 가슴속 허전함으로 남아 끝내 내버릴 수 없었던 문학에 대한 꿈('시인의 말')으로 소환한 윤성인 시인의 그리움과 그의 삶의 행로는 애상이나 비애에 깊이 침습하거나 체념하지 않는다. 오히려 "비와 바람이 거세도 젊음을 무기로 / 굳건하게 살아왔"지만 나이 들면서 "제법 힘 있게 살아온 놈들"

조차 “바람에 맞서다가 부스러져 / 남루한 차림으로 떠”(「낙엽」)날 수밖에 도리 없는 유한하고 무상한 삶이지만, “함께하는 여행의 이 좋은 시간은 영원하지 않다 / 기억하자 우리의 따뜻한 여행을”(「삶이 여행이다」)이라며 끝내는 누구나 어쩔 수 없이 어느 역에서 내려야 할 여행인 삶의 숙명을 수긍한다. 나아가, “살아야 한다는 찐한 마음은 가슴에 묻고”(「나의 일생」) 그리움의 힘으로 흘러온 팔순 여정의 남은 종착지까지 “험한 남은 길 또 걸어가자”(「고향에 돌아오다」)고 새삼 자신을 격려하며 다짐한다.